Université de France.

FACULTÉ DE DROIT DE STRASBOURG.

THÈSE
POUR LA LICENCE,

PRÉSENTÉE ET SOUTENUE PUBLIQUEMENT

LE JEUDI 3 AOUT 1837, A MIDI,

PAR

CHARLES-LOUIS DE CHARDIN,
DE MIRECOURT (VOSGES),
BACHELIER ÈS LETTRES ET EN DROIT.

Président : M. RAUTER, Doyen de la Faculté.
Examinateurs.
MM. RAUTER, Professeur.
KERN, Doyen honoraire, Professeur,
BLŒCHEL, Professeur,
BRIFFAULT, Professeur suppléant.

La Faculté n'entend ni approuver ni désapprouver les opinions particulières au Candidat.

STRASBOURG,
De l'imprimerie de F. G. Levrault, imprimeur de l'Académie.
1837.

A MON PÈRE

ET

A MA MÈRE.

C. L. DE CHARDIN.

DROIT CIVIL.

I. *Des obligations solidaires en général.*

En général, lorsque l'obligation d'une seule et même chose a été contractée par plusieurs ou envers plusieurs personnes, chacun des débiteurs, dans le premier cas, ne peut être poursuivi que pour sa part, et chacun des créanciers, dans le second cas, n'a droit qu'à sa part dans l'obligation.

Ce principe reçoit exception, lorsque, par la convention des parties, ou par la disposition de la loi, le total de la dette peut être exigé de chaque débiteur, ou demandé par chaque créancier. C'est ce qu'on appelle solidarité d'obligation.

Une obligation est donc solidaire, quand la même chose est, d'après le titre, due en totalité à chacun de plusieurs créanciers, ou par chacun de plusieurs débiteurs, de manière que le payement fait dans le premier cas à l'un des créanciers, et par l'un des débiteurs dans le second cas, éteint l'obligation à l'égard de tous.

La solidarité peut être stipulée dans tous les contrats, de quelque espèce qu'ils soient. Elle peut exister soit entre les créanciers (solidarité active), soit entre les débiteurs (solidarité passive).

II. *De la solidarité entre les créanciers et de ses effets.*

L'obligation est solidaire entre plusieurs créanciers, lorsque le titre donne expressément à chacun d'eux le droit de demander le payement du total de la créance, et que le payement fait à l'un d'eux libère le débiteur, encore que le bénéfice de l'obligation soit partageable et divisible entre les divers créanciers (1197). Le payement seul, dans notre Droit, éteint toute la dette. Ainsi la remise qui n'est faite, le serment qui n'est déféré que par l'un des créanciers solidaires au débiteur, etc., ne libèrent celui-ci que pour la part de ce créancier (1198 et 1365).

Il n'en était pas ainsi chez les Romains, où chaque créancier solidaire était censé, quant au débiteur, propriétaire unique de la dette. Il pouvait donc faire tous les actes que le propriétaire unique eût pu faire. *Acceptilatione unius tollitur obligatio* (*L.* 2, *ff.*, de duobus reis).

Il est au choix du débiteur de payer à l'un ou à l'autre des créanciers solidaires, tant qu'il n'a pas été prévenu par les poursuites de l'un d'eux (1198); car autrement il ne pourrait payer qu'au poursuivant.

Les principaux effets de la solidarité entre les créanciers sont :

1.° Que tout acte qui interrompt la prescription, à l'égard d'un créancier solidaire, profite à tous les autres (1199);

2.° Que chacun des créanciers, étant créancier du total, peut demander le total, et, si l'obligation est exécutoire, contraindre le débiteur pour le total ;

3.° Que le payement fait à l'un des créanciers éteint toute la dette, sauf, dans ce cas, le recours des autres créanciers contre celui qui a reçu le payement, chacun en raison de l'intérêt qu'il a dans l'obligation.

III. *De la solidarité de la part des débiteurs.*

Il y a solidarité entre les codébiteurs, lorsqu'ils sont coobligés à une même chose, de manière que chacun puisse être contraint pour la totalité, comme s'il était seul débiteur, *totum et totaliter debeat*, et que le payement fait par un seul libère les autres envers le créancier commun (1200). Il résulte de là que, si les débiteurs doivent une même chose, ils n'en sont pas moins codébiteurs solidaires, quoique l'obligation de chacun d'eux ait été contractée sous des modifications différentes (1201); ainsi l'un peut être obligé purement et simplement, tandis que l'autre ne l'est que conditionnellement; l'un peut l'être à terme, tandis que l'autre l'est sans terme.

Après nous être bien pénétré de ces principes, nous sommes naturellement conduit à examiner :

1.° Comment s'établit la solidarité entre les débiteurs ;

2.° Quels sont les effets de la solidarité entre les débiteurs et entre leurs héritiers ;

3.° La remise de la solidarité ;

4.° Quel recours le débiteur solidaire, qui a payé toute la dette, doit exercer contre ses coobligés.

§. 1.er *Comment s'établit la solidarité entré les débiteurs.*

La solidarité ne se présume point; il faut qu'elle soit expressément stipulée (1202). Si nous remontons aux sources du Droit romain, nous verrons que ce principe a été puisé dans cette législation. Dans l'ancien Droit romain, lorsque plusieurs débiteurs avaient promis la même chose à un même créancier et dans un même temps, l'obligation était solidaire, sans qu'il eût été question de solidarité. Mais la loi 11, paragraphe 2, *ff.*, *de duobus reis*, et la Novelle 99, ont décidé que plusieurs débiteurs d'une même chose, due par eux au même créancier, ne seraient obligés, chacun que pour sa part et portion, à moins qu'une convention particulière n'ait établi la clause de solidarité. La raison est, que l'interprétation des obligations se fait, dans le doute, en faveur des débiteurs, principe qui a été consacré par le Code civil. Remarquons toutefois que les expressions, solidaire, solidarité, solidairement, ne sont pas consacrées d'une manière absolue par la loi, et qu'elles peuvent être suppléées par d'autres équivalentes.

La fin de l'article 1202 nous montre qu'il y a néanmois certains cas dans lesquels la solidarité entre plusieurs débiteurs d'une même chose a lieu, quoiqu'elle n'ait pas été expressément stipulée, parce qu'alors elle existe de plein droit, en vertu d'une disposition de la loi; nos différents Codes nous en fournissent des exemples.

Le Code civil nous le prouve aux articles 395, 396, 1033, etc.

Dans les sociétés de commerce les associés sont tenus solidairement des dettes sociales (Code de comm., 22). C'est de cette solidarité légale dont parle l'article 1862 du Code civil, qui, en excluant la solidarité dans les sociétés ordinaires, exceptait de cette disposition les sociétés commerciales, dans lesquelles la solidarité est établie en faveur du commerce; mais, suivant les principes du Droit commun, la solidarité n'a lieu entre les associés qu'à l'égard et au profit des tiers créanciers de la société, et non à l'égard des associés entre eux. Quant aux créances dues à la société, il n'y a pas solidarité active entre les associés; car le tout est dû collectivement à l'être moral formé de leur réunion.

Nous trouvons encore au titre de la lettre de change des cas de solidarité légale. Le tireur et les endosseurs d'une lettre de change sont garants solidaires de l'acceptation et du payement à l'échéance (Code de comm., 118). Tous ceux qui ont signé, accepté ou endossé une lettre de change, sont tenus à la garantie solidaire envers le porteur (Code de comm., 140). Le donneur d'aval est tenu solidairement et par les mêmes voies que le tireur et les endosseurs, sauf les conventions différentes des parties (Code de comm., 142).

De même, dans les lois criminelles, lorsqu'il y a plusieurs condamnés pour un même crime ou pour un même délit, il y a solidarité entre eux pour le payement des amendes, des restitutions, des dommages-intérêts et frais (Code pén., 55).

La solidarité des débiteurs peut aussi résulter d'un testament, lorsque le testateur a expressément déclaré qu'il chargeait solidairement ses héritiers ou autres successeurs de la prestation d'un legs, pourvu cependant qu'il n'en résulte pas une diminution de la réserve légale dans les cas où elle a lieu.

§. 2. *Quels sont les effets de la solidarité entre les débiteurs et entre leurs héritiers.*

Du principe, que chacun des débiteurs solidaires est débiteur du total, on tire les conséquences suivantes :

1.° Le créancier peut s'adresser à celui d'entre eux qu'il veut choisir, sans que celui-ci puisse, en offrant sa part, demander que le créancier soit tenu d'exercer son action contre les autres, chacun pour sa part dans la dette commune, quoiqu'ils soient tous solvables. Non-seulement le créancier peut poursuivre celui des codébiteurs solidaires qu'il juge convenable, mais, quand même il se serait pourvu contre l'un ou contre plusieurs d'entre eux, cette poursuite ne l'empêcherait pas d'en exercer de pareilles contre les autres et de les continuer pour la totalité contre tous, jusqu'à ce qu'il soit entièrement payé (1203, 1204).

2.° Quand le créancier a interrompu la prescription à l'égard de l'un des codébiteurs solidaires, il conserve non-seulement ses droits sur la totalité de la dette, mais encore sur la solidarité entre les débiteurs, et en agissant contre l'un d'eux, il a interrompu la prescription à l'égard de tous (1206).

3.° Lorsque le créancier a formé une demande d'intérêts contre l'un des codébiteurs solidaires, cette demande fait courir les intérêts à l'égard de tous (1207); et ils doivent lui être adjugés pour la totalité de la dette contre tous les débiteurs.

4.° Si la chose due a péri par la faute, ou pendant la demeure de l'un des codébiteurs solidaires, les autres ne sont pas déchargés de l'obligation de payer le prix de la chose; mais, quoique le fait de l'un perpétue l'obligation des autres, il ne peut l'augmenter : *si duo rei promittendi sint, alterius mora alteri non nocet; lib.* 32, §. *penult. ff., de usuris* (1205). Ainsi ils sont bien tenus tous solidairement de payer le prix de la chose qui a péri, sauf chacun son recours contre celui par la faute duquel la perte est arrivée. Mais le créancier ne peut répéter les dommages-intérêts qui peuvent lui être dus que contre celui des débiteurs qui a donné lieu à la perte de la chose, ou contre celui qui était en demeure. Néanmoins, les dommages-intérêts sont dus par les débiteurs solidaires qui ne sont point en faute, si une stipulation expresse les y soumet (POTHIER, n.° 273).

5.° Le payement fait par l'un des débiteurs libère tous les autres (1200); non-seulement le payement, mais encore tout mode d'extinction des obligations, comme la compensation, la confusion, la novation, la remise de la dette, etc., doit avoir cet effet, sauf quelques modifications que nous allons exposer ci-après :

1) Si l'un des débiteurs solidaires, poursuivi par le créancier pour la totalité de la dette, lui a opposé, en compensation de la somme qui lui était demandée, une pareille somme que lui devait le créancier, les codébiteurs seront libérés par cette compensation, comme par le payement réel qu'ils en auraient fait, parce que la dette est éteinte; mais si le créancier s'adressait d'abord à l'un des débiteurs solidaires auquel il ne doit rien, celui-ci ne pourrait opposer la compensation de ce que le créancier doit à son débiteur, si ce n'est pour la part et portion de ce codébiteur (1294);

2) Lorsque l'un des débiteurs devient l'unique héritier du créancier, ou lorsque le créancier devient l'unique héritier d'un des débiteurs, la confusion des droits, qui s'opère par leur réunion sur la même tête, n'éteint la créance solidaire que pour la part et portion avenant au créancier ou au débiteur; elle ne change pas la situation des autres débiteurs (1209);

3) La novation faite entre le créancier et l'un des débiteurs solidaires, libère les autres, excepté dans le cas où le créancier a exigé leur accession au nouvel arrangement (1281);

4) La remise ou décharge conventionnelle faite à l'un des débiteurs, libère également tous les autres, à moins que le créancier n'ait expressément réservé ses droits contre eux, auquel cas il ne peut plus répéter la dette, que déduction faite de la part de celui auquel

il a fait la remise (1285), et si l'un des débiteurs devient insolvable, sous la déduction de ce dont celui qu'il a déchargé aurait été tenu dans la portion de l'insolvable.

5) Enfin, le serment déféré par le créancier à l'un des codébiteurs profite à tous les autres, pourvu toutefois qu'il ait été déféré sur le fait de la dette, et non sur celui de la solidarité ou de l'obligation personnelle de celui qui a juré (1365).

Quant aux exceptions à opposer contre la demande du créancier, il faut distinguer entre celles qui sont dites réelles et celles dites personnelles. Les premières, telles que le dol, la lésion, le défaut de formalités, l'extinction de la dette, etc., sont communes à tous les codébiteurs et peuvent être opposées par chacun d'eux, tandis que les secondes, telles que celles qui tiennent à l'état et à la qualité du débiteur, ne peuvent être opposées que par le débiteur du chef duquel elles existent, et elles ne profitent qu'à lui seul (1208).

Il nous reste ici à faire observer, comme le fait M. DELVINCOURT, que, la solidarité de la dette ne doit point préjudicier au principe d'après lequel toutes les créances d'une succession se divisent de plein droit entre les cohéritiers. En conséquence la dette, quoique solidaire à l'égard de chaque débiteur, se divise entre les héritiers du défunt, de sorte que les héritiers de chacun d'eux doivent bien à eux tous le total de la dette, mais que chacun desdits héritiers ne doit dans ce total qu'une part proportionnée à sa part héréditaire; d'où il suit que, si la prescription n'a été interrompue qu'à l'égard de l'un d'eux, elle continue à courir au profit des autres cohéritiers, et n'est interrompue à l'égard des autres codébiteurs que pour la part dont cet héritier est tenu dans la dette. Il faut donc, pour interrompre la prescription pour le tout à l'égard des autres codébiteurs, une interpellation faite à tous les héritiers du débiteur décédé, ou la reconnaissance de tous ces héritiers; mais l'interpellation faite à l'un des débiteurs solidaires, ou sa reconnaissance, interrompt la prescription, non-seulement contre tous les autres, mais même à l'égard de leurs héritiers (2249).

Conformément au Droit commun, la même chose a lieu dans les sociétés de commerce, c'est-à-dire que la solidarité se divise entre les héritiers des associés, de façon que chacun n'en est tenu que pour sa part et portion virile et héréditaire.

§. 3. *De la remise de la solidarité.*

D'après la maxime, *cuique licet juri in suum favorem introducto renuntiare,* un créancier qui a la libre disposition de ses biens, peut renoncer au droit de solidarité en faveur d'un ou de tous ses débiteurs solidaires. Il faut remarquer, avant d'aller plus loin, que la remise de la solidarité, consentie par le créancier en faveur d'un codébiteur solidaire, lui conserve toujours son action solidaire à l'égard des autres, toutefois sous la déduction de la part du débiteur qu'il a déchargé, en recevant de lui cette part de la dette commune (1210).

La remise de la solidarité est de deux sortes :

1.° Expresse, lorsque le créancier déclare par un acte postérieur à l'engagement, consentir à ce que l'un ou plusieurs des codébiteurs soient libérés envers lui au moyen du payement de leur quote-part dans la dette commune;

2.° Elle est tacite et peut se faire de différentes manières :

1) Lorsque le créancier reçoit divisément la part de l'un des débiteurs, et qu'il donne quittance pour cette part, sans se réserver la solidarité ou du moins ses droits en général : dans ce cas, la solidarité n'existe plus qu'entre les autres débiteurs; car le créancier, en lui donnant quittance pour sa part, le reconnaît débiteur pour une quote-part, et non plus en même temps débiteur solidaire, ce qui impliquerait contradiction (1211).

2) Lorsque le créancier forme une demande en justice contre l'un des débiteurs, qu'il déclare l'intenter pour sa part dans la dette commune, et que le débiteur acquiesce à cette demande, ou qu'il intervient jugement de condamnation contre lui (1211). Dans le

premier cas, la dette étant contractée par le concours des volontés du créancier et du débiteur, la remise ne peut s'en faire que par un consentement contraire des mêmes parties. Dans le second cas, le jugement intervenu supplée au consentement réciproque des parties.

3) Lorsque le créancier reçoit divisément et sans réserve la portion de l'un des codébiteurs dans les arrérages ou dans les intérêts d'une dette. Par cette acceptation il perd la solidarité pour le surplus des arrérages ou des intérêts échus, mais non pour les arrérages et pour les intérêts à échoir, ni pour le capital, *nemo facile præsumitur donare*, à moins que le payement des arrérages ou intérêts n'ait été continué pendant dix années consécutives (1212). L'on pensait anciennement qu'il fallait que les arrérages eussent été reçus divisément pendant trente ans (POTHIER, n.° 279).

Mais comme la remise partielle de la solidarité ne peut ni profiter ni préjudicier aux autres codébiteurs, si l'un d'eux devient insolvable, sa part dans la dette commune est répartie contributoirement entre tous les codébiteurs, même entre ceux précédemment déchargés de la solidarité par le créancier (1215).

§. 4. *Quels recours le débiteur qui a payé toute la dette doit exercer contre ses coobligés.*

L'obligation contractée solidairement envers un créancier commun, se divise de plein droit entre les débiteurs; ils ne sont tenus entre eux, et l'un envers l'autre, que chacun pour sa part et portion (1213), à moins que leurs parts n'aient été fixées autrement entre eux. Si l'affaire pour laquelle la dette a été contractée ne concernait qu'un seul des coobligés solidaires, celui-ci, quoique le créancier puisse toujours agir à sa volonté contre chacun d'eux pour la totalité, serait tenu de toute la dette vis-à-vis de ses codébiteurs, qui ne seraient considérés par rapport à lui que comme ses cautions (1216) et qui, en cas d'insolvabilité de sa part, auraient leur recours entre eux.

Dans l'ancien Droit français, celui qui avait payé ne pouvait recourir contre ses codébiteurs, qu'autant qu'il avait requis la subrogation. Mais actuellement, que le débiteur qui a acquitté la dette est subrogé de plein droit, par la seule force de la loi, dans les droits du créancier, il exerce son recours contre chacun des autres codébiteurs, seulement pour la part et portion de chacun d'eux, ce qui a été sagement établi pour éviter un circuit d'actions qui s'entre-détruiraient les unes les autres. Le débiteur est donc subrogé aux droits et actions du créancier, non-seulement contre ses codébiteurs, mais encore contre leurs cautions (1252). Il peut aussi exercer les priviléges et hypothèques attachés aux actions du créancier, contre les tiers, comme le créancier lui-même.

Nous terminerons cette matière en faisant observer avec le Code civil que quand, en vertu de la subrogation, le débiteur qui a acquitté la dette agit contre ses codébiteurs, et que l'un d'eux devient insolvable, la perte qui en résulte sera répartie par contribution entre le débiteur qui a fait le payement et tous les autres coobligés solvables (1214). Ce principe est entièrement conforme aux règles de l'équité.

JUS ROMANUM.

De duobus reis stipulandi et promittendi.

I.

Duo vel plures rei stipulandi sive correi stipulandi sunt, quibus separatim sibi eamdem rem in solidum stipulantibus debitor eam se daturum facturumque spondet.

II.

Duo vel plures rei promittendi sive correi promittendi sunt, qui alteri, una oratione omnes interroganti, congrue respondent, seque singulos in solidum idem daturos facturosque spondent.

III.

Correalis obligatio est illa, quæ ad plures ita spectat, ut ad quemlibet tota pertineat. Aut per conventionem constituitur, aut per factum illicitum, aut per testamentum, aut per legem immediate; sed maxime correalis obligatio apud Romanos per stipulationem contrahebatur. Itaque de illa obligatione specialiter loqui volumus.

IV.

Duo pluresve rei stipulandi ita fiunt, si post omnium interrogationem promissor respondeat *spondeo* : utputa cum, duobus separatim stipulantibus, ita promissor respondeat : *utrique vestrum dare spondeo.*

V.

Duo pluresve rei promittendi ita fiunt : primus illam rem dare spondes? secundus eamdem rem dare spondes? si respondeant singuli separatim : *spondeo*. Sed Justinianus (Nov. 99) duos pluresve correos debendi solum facturos esse conventione facta statuit.

VI.

In utraque tamen obligatione una res vertitur.

VII.

Inæqualitas quantitatum facit inæquales ac proinde dispares obligationes.

VIII.

Ex duobus reis promittendi alius pure, alius in diem vel sub conditione obligari potest.

IX.

Cum duo pluresve eamdem rem aut stipulati sunt aut promiserint, ipso jure singulis solidum debetur, singuli in solidum tenentur. Inde obligatio correalis activa et obligatio correalis passiva.

X.

Correus stipulandi prohiberi non potest debitum exigere, cum sint duo pluresve rei promittendi ejusdem pecuniæ, a quo velit, ut, si satisfactum sit, reliquorum jus exigendi perimatur.

XI.

Si ab uno reorum stipulandi non adhuc solidum petitum sit, correus promittendi reo stipulandi cui velit, potest hoc solvere solidum.

XII.

Correus stipulandi, cui solidum solvitur, non cogitur cum correo partem communicare, nisi vel socii sint, vel ita inter illos convenerit.

XIII.

Quisque correus debendi in solidum tenetur, ut solutio ab uno facta, omnem perimit obligationem et omnes liberat.

XIV.

Justinianus (constitutione XX) usque ad totam solutionem omnes correos promittendi vicissim persequi permisit; non ita ante fuerat.

XV.

Correus debendi, ad solidum solvendum persecutus, non potest adversus correum stipulandi beneficio divisionis uti. Sed Justinianus (Nov. 99) hoc beneficium permisit.

XVI.

Denique correus promittendi qui solidum solvit, nullam adversus correum actionem habet, nisi vel socii sint, vel solvens jura a creditore cessa acceperit.

PROCÉDURE CIVILE.

Des Enquêtes.

L'enquête, du mot latin *inquirere*, enquérir, rechercher, peut être définie : une voie d'instruction par laquelle le juge recherche, au moyen de l'audition de témoins appelés à déposer sur des faits avancés par une partie et méconnus par l'autre, la vérité de ces faits, allégués dans un procès civil.

La loi civile, se défiant de la preuve testimoniale, à cause de la subornation, n'a admis le témoignage des hommes qu'avec beaucoup de réserve, et ne l'a autorisé que dans certains cas qu'elle a déterminés (Code civil, 1341 à 1348), laissant au Code de procédure le soin d'y procéder avec le plus de sûreté possible. C'est donc pour parvenir à ce but qu'on y trouve une infinité de précautions relatives à l'admission de l'enquête, aux faits à prouver, aux témoins, à leurs reproches et dépositions, et enfin à la procédure proprement dite.

L'enquête ne peut avoir lieu sans la permission du juge, lequel peut aussi l'ordonner d'office. En tout cas la chose à prouver doit être de nature à comporter la preuve testimoniale, suivant les principes du Droit civil; elle doit de plus être utile (M. Rauter, n.° 210).

Les faits sur lesquels on demande ou dont le juge ordonne l'enquête, doivent être admissibles (253, 254), c'est-à-dire pertinents, concluants, positifs et précis : *frustra probatur quod probatum non relevat.*

L'admission de l'enquête doit être prononcée par jugement rendu à l'audience.

Quant aux temoins, l'obligation de l'être étant publique, mais non gratuite, tout particulier cité comme témoin est obligé de rendre témoignage (263, 264), à moins qu'il ne soit légalement dispensé ou excusé. D'un autre côté, chacun a le droit d'être témoin, à moins qu'il ne soit légalement ou judiciairement privé de cette faculté.

L'impossibilité physique et légale sont des causes légales de dispense.

Les incapacités, qui se divisent en absolues et relatives, sont des causes d'exclusion officielle (268 et 283; Code civil, 25; Code pénal, 18). Elles peuvent et doivent être opposées par la partie intéressée, par les incapables, par le juge et par le ministère public.

Les causes pour lesquelles un témoin, sans être incapable, peut être récusé par la partie adverse, se nomment reproches, *sensu stricto*. Les dispositions de l'article 283 y relatives, ne sont qu'énonciatives; cependant il faut observer que les reproches doivent être circonstanciés et pertinents, qu'ils doivent être proposés avant la déposition du témoin (270), ou bien après, ce qui n'arrive que dans le seul cas où ils sont justifiés par écrit (282). On statue sommairement sur les reproches, ou bien par le jugement définitif, si le fond est en état (287 et 288).

Relativement aux dépositions des témoins, le témoignage des femmes équivaut à celui des hommes; la grande jeunesse du témoin n'est pas une cause de reproche (285), et de plus, le juge n'est pas lié pour sa conviction par tel nombre de témoignages.

Avant de déposer, le témoin doit prêter serment de dire la vérité, à peine de nullité (262).

Le témoin doit faire sa déposition oralement, sans qu'il lui soit permis de lire aucun projet écrit (271), *alia est auctoritas præsentium testium, alia testimoniorum quæ recitari solent*. Il doit aussi déposer *ex scientia propria* et non par ouï-dire, *testis ex auditu alieno fidem non facit*, à moins que la loi n'autorise la preuve par commune renommée (Code civil, 1415 et 1442).

La procédure d'enquête est une procédure rigoureuse, en ce sens que les omissions, les négligences, l'inobservation des délais prescrits, influent sur la preuve même qui en est l'objet; ses formalités sont pour la plupart prescrites à peine de nullité, et non-seulement l'officier ministériel, mais encore le juge commissaire, sauf les distinctions admises par les articles 292 et 293, sont responsables des vices qui proviennent de leur fait.

La procédure de l'enquête se compose :

1.° De l'articulation des faits à prouver par un simple acte de conclusions d'avoué à avoué;

2.° De la dénégation des faits de la partie adverse, aussi par un simple acte dans les trois jours, sinon ils pourront être tenus pour confessés et avérés (252);

3.° Du jugement ordonnant la preuve par témoins des faits reconnus admissibles; ce jugement doit renfermer les faits à prouver et la nomination du juge commis pour l'enquête (255);

4.° De l'ordonnance du juge commissaire à l'effet d'assigner les témoins aux jour et heure qu'elle indique. Cette ordonnance s'obtient sur simple requête; l'enquête est alors censée commencée (259);

5.° De l'assignation des témoins (260);

6.° De l'assignation de la partie adverse au domicile de son avoué, si elle en a constitué, sinon, à son domicile, avec notification des noms, professions et demeures des témoins, à peine de nullité (261);

7.° De l'audition des témoins par le juge commissaire en chambre du conseil (262 et suivants); les formalités relatives aux dépositions des témoins sont prescrites à peine de nullité.

L'enquête et la contre-enquête doivent être commencées dans les délais des articles 257 et 258, et de plus elles doivent être parachevées dans la huitaine (278), à dater de l'audition des premiers témoins respectifs, ou dans le délai plus long fixé par le tribunal, délai qui ne peut être accordé qu'une fois (280); le tout à peine de nullité.

Après toutes ces formalités, la partie la plus diligente en fait lever les procès-verbaux et les fait signifier par acte d'avoué à avoué, et poursuit l'audience pour le jugement du fond (286).

DROIT COMMERCIAL.

Du rechange.

Nous diviserons cette matière en quatre parties : nous traiterons dans la première du rechange et de la retraite en général; dans la seconde, du droit de rechange; dans la troisième, du compte de retour; et dans la quatrième, des intérêts que le porteur a droit d'exiger.

1.° *Du rechange et de la retraite en général.*

Le porteur d'une lettre de change protestée peut bien, au moyen d'une demande en justice et d'assignations des garants solidaires, se faire rembourser du montant de sa lettre; mais les délais à parcourir pour y arriver pourraient souvent lui causer un préjudice immense. C'est pour ce motif que le législateur lui a donné une voie plus courte pour rentrer dans ses fonds, en l'autorisant à tirer une nouvelle lettre de change sur un de ses garants. On voit déjà d'après cela, que quiconque fournit ou garantit une lettre de change, s'expose à voir tirer sur lui, si cette lettre n'est point acquittée. Cette nouvelle lettre s'appelle retraite; elle agit en sens inverse de la première, et l'article 178 du Code de commerce la définit ainsi : « une nouvelle lettre de change, au moyen de laquelle le porteur se rembourse sur le tireur, ou sur l'un des endosseurs, du principal de

la lettre protestée, de ses frais, et du nouveau change qu'il paye. »
La retraite est soumise, pour la forme, à la loi du lieu d'où elle
est tirée, et pour le payement, à la loi du lieu où elle est payable.

Le nouveau contrat qui se forme entre le porteur originaire et
son preneur, et au moyen duquel le premier obtient du second le
montant de la lettre non payée, se nomme contrat de rechange. Le
Code a aussi employé l'expression de rechange, pour indiquer l'indemnité que le tireur de la retraite paye pour la négocier. Le rechange, dans ce cas, peut, comme le change, être au pair, ou en
baisse ou en hausse. Ces principes posés, on voit facilement que, si
cette nouvelle lettre de change n'était pas payée, son porteur aurait,
comme le porteur originaire, les mêmes moyens de se faire rembourser, et ainsi de suite jusqu'au payement de la somme.

A la différence de la saisie conservatoire, qui ne peut avoir lieu
qu'en cas de protêt faute de payement, la retraite peut être faite
toutes les fois que le porteur, ou tout autre, a un droit acquis au
remboursement. L'article 178 ne fait aucune distinction : cependant
nous devons en faire une et dire, que la retraite peut avoir lieu en
cas de protêt faute d'acceptation, seulement dans le cas où les garants
ne fournissent pas de caution.

On sait que l'endossement n'exige pas remise de place en place,
et qu'il peut être donné au lieu même où la lettre est payable. Il
n'en est pas de même de la retraite : elle exige remise de place en
place, et si elle était tirée au même lieu où elle doit être payée, elle
ne serait qu'un mandat, ne jouissant pas des avantages attachés à
la lettre de change.

Dans la retraite, nous trouvons deux choses à considérer : d'abord
les personnes qui peuvent faire retraite, et les personnes sur qui on
peut la faire, puis ce dont le porteur a le droit de se faire rembourser par la retraite.

La règle générale à suivre en cette matière, c'est que, la retraite
étant moyen de remboursement, quiconque a droit au rembourse-

ment peut en user; ainsi, tout garant peut, comme le porteur, faire une retraite sur son propre garant et ainsi de suite jusqu'au tireur, qui, n'ayant pas de garant, ne peut faire retraite sur personne. Quand la lettre est tirée pour le compte d'autrui, la retraite doit être faite sur celui pour le compte de qui la lettre était tirée.

La retraite peut être faite, quoique la loi ne le dise pas, sur les donneurs d'aval; car il suffit qu'elle ait déclaré d'une manière générale qu'ils sont tenus par les mêmes voies que ceux qu'ils ont cautionnés, sauf conventions contraires (142).

De même on peut faire retraite sur la caution donnée faute d'acceptation (120).

La même personne ne peut faire qu'une seule retraite.

Si le garant sur lequel on fait retraite, est décédé, laissant, par exemple, quatre héritiers, on ne peut faire qu'une seule retraite sur celui des héritiers qu'on veut choisir et qui doit payer le total.

Quant aux objets que le porteur a droit de se faire rembourser, ils comprennent le capital, les frais de protêt, de courtage, de timbre, de ports de lettres, de commission, de banque et autres frais légitimes, tels que ceux de voyage, etc., les intérêts soit du capital, soit des accessoires, et enfin le rechange qu'il est obligé de payer quand l'argent gagne sur le papier.

2.° *Droit de rechange.*

Le cours du change étant sujet à varier selon les temps et selon les lieux, la loi a dû en déterminer le règlement. Le Code s'occupe d'abord du cas où la retraite est faite directement sur le tireur, et, suivant l'article 179, le rechange se règle alors, à l'égard du tireur, par le cours du change du lieu où la lettre de change était payable, sur le lieu d'où elle a été tirée, ce qui est exact. Mais la loi s'occupe ensuite du cas où la retraite est faite sur l'un des endosseurs, et elle dit alors que le rechange se règle, à l'égard des endosseurs, par le cours du change du lieu où la lettre de change a été remise ou négociée par eux, sur le lieu où le remboursement s'effectue. Il résulterait de là que l'on payerait le rechange, qui se perçoit au lieu auquel la retraite est adressée, sur celui d'où elle est tirée. C'est précisément le contraire qui doit avoir lieu; il faut donc dire, comme le portait le projet de Code de commerce, article 139, que le rechange est dû par l'endosseur du lieu où la lettre était payable, sur celui où il l'a négociée. Il peut arriver, quoique la loi n'en parle pas, que l'argent et le papier soient au pair, alors la retraite aura lieu sans droit de rechange. Il peut même encore arriver que le papier gagne sur l'argent; dans ce cas, le porteur ne fera qu'une retraite de la valeur de la première lettre diminuée d'une valeur égale à celle dont il aura profité, en négociant cette retraite.

Voyons maintenant, puisqu'il ne peut être fait plusieurs comptes de retour (182), quel est celui des garants qui supportera les divers rechanges? L'article 183 dit qu'ils ne se cumulent pas; ainsi, chaque endosseur sur qui une retraite a été faite, et qui en fera lui-même, comprendra dans le compte de retour le premier rechange, dont le porteur a été remboursé (lequel n'en paye aucun), et supportera son rechange propre, et ainsi de suite jusqu'au tireur de la lettre de change, qui ne paye que le rechange énoncé dans le compte de retour.

3.° *Compte de retour.*

Le compte de retour est l'état détaillé et appuyé de pièces justificatives des différentes sommes, dont celui qui fait retraite a droit de se faire rembourser et qui forment le montant de la retraite. C'est un accessoire nécessaire à la retraite (180). La loi nous donne (181) les énonciations qu'il doit contenir, et les pièces justificatives qui doivent l'accompagner.

Le compte de retour comprend : 1.° le principal de la lettre protestée; 2.° les frais de protêt et autres frais légitimes, tels que ceux de commission, de banque, de courtage, de timbre, de ports de lettres. On peut même ajouter à ces énonciations non limitatives, les frais d'enregistrement, les frais judiciaires et les frais de voyage. Le compte de retour comprend encore, 3.° le nom de celui sur qui la retraite est faite; 4.° enfin le prix du change auquel la retraite est négociée : ce prix est certifié par un agent de change, et dans les lieux où il ne se trouve pas d'agent de change, il l'est par deux commerçants. Le Code (186) sanctionne par la perte du rechange l'omission de cette formalité.

La retraite, étant une véritable lettre de change, entraîne la contrainte par corps, non-seulement pour le montant de la première lettre, mais encore pour les accessoires qui complètent le montant de la retraite.

Nous avons dit que des pièces justificatives devaient accompagner ce compte de retour. Ces pièces sont : la lettre de change protestée, le protêt, ou une expédition de l'acte de protêt. Il faut encore ici étendre les dispositions du Code et dire qu'il faut aussi produire les pièces justificatives des autres frais portés au compte de retour.

La loi ajoute que, si la retraite est faite sur l'un des endosseurs, elle est accompagnée, en outre, d'un certificat qui constate le cours du change du lieu où la lettre de change était payable, sur le lieu d'où elle a été tirée. Disposition superflue; car le tireur ne doit payer qu'un seul rechange, et c'est celui qui est énoncé dans le compte de retour et certifié par l'agent de change.

4.° *Des intérêts que le porteur a droit d'exiger.*

L'indemnité à laquelle le porteur peut prétendre ici pour la privation plus ou moins longue des sommes auxquelles il avait droit, est l'intérêt légal, fixé, en matière de commerce, à six pour cent (loi du 3 septembre 1807). L'article 184 fait courir de plein droit les intérêts du principal de la lettre de change protestée à compter du jour du protêt faute de payement; et comme la loi ne parle que du protêt faute de payement, il en résulte que le protêt faute d'acceptation ne ferait pas courir les intérêts; *nam qui dicit de uno, negat de altero.*

Pour avoir l'effet de faire courir les intérêts, le protêt doit être valable; *quod nullum est, nullum producit effectum.*

A l'égard des accessoires, les intérêts ne courent que du jour de la demande en justice (185).

Le porteur doit, malgré qu'il fasse retraite, former aussi une action en garantie contre les garants solidaires, afin de ne point s'exposer à encourir les déchéances que la loi prononcerait contre lui, si, la retraite n'étant point acquittée, les délais venaient à échoir. Ces poursuites sont d'autant plus nécessaires qu'elles font courir les intérêts des frais dont parle l'article 185.

Quant aux garants, ils ne font courir les intérêts de leurs frais que du jour où ils ont payé. Il n'est pas nécessaire qu'ils intentent une demande en justice; celle du porteur leur profite en vertu de la subrogation légale.

FIN.

www.ingramcontent.com/pod-product-compliance
Lightning Source LLC
Chambersburg PA
CBHW070453080426
42451CB00025B/2725